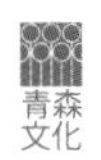

我是這樣讀康德的

何震鋒　著

向牟宗三致敬

目錄

關於反省的判斷的二三語

我本來打算寫一本關於易學的著作，後來發現《易傳》那種由天命下貫至性命的理路，並不好講，而康德《判斷力之批判》中所述的「反省的判斷」，以及由之建立的自然神學，與《易傳》的思路一脈相通。於是，我花了半個月時間，一邊讀康德《判斷力之批判》，一邊寫成此書。此書主要論述「反省的判斷」。反省的判斷又分為審美判斷與目的論判斷，目的論判斷又分為主觀的和客觀的。另外，目的論判斷又分別成功為自然目的論與終極目的的論。此等種種理論架構細分下去，可以無窮無盡，於我來說，康德不過是化法為繁。這固然是出於哲學家的理論興趣，然而要說起來，也不過是幾句說話。所謂反省的判斷，就是人的心靈憑藉反省能力，從當前的特殊之物，如一己之存在，反省出其所含具的普遍意義，如神旨、天命等神聖意涵。正如哲學家看見繁星滿天，於是叩問存在，提出「何以有此存在」、「存在畢竟有何終極意義」等疑問，而對於此等疑問的命題式回答，都是作出了反省的判斷。

不過，將人對於形上學疑問的回應，說成「判斷」，就是哲學家的陋習了。尼采說過，作為哲學家，性格遠比理智重要。我的形上學就見於我應對世界的態度，而由命題所構成的哲學系統，不過是一種事後的、剩餘的、造作的潛建物。更何況康德早已在《純粹理性之批判》之中，指出了我們的知性只能及於現象界，而物自身永不為我們所知。這亦即是說，我們只能對經驗世界的事物，運用概念去思考，卻不能以概念思考上帝，只因上帝不是經驗事物。然而，康德卻把自然神學中的理論，定性為「目的論判斷」。甚至審美經驗也成為了「審美判斷」。對於中國哲學家來說，前者不過是一種「神知」，後者是一種「妙慧」。所謂「神」，就是「陰陽不測」之「神」、「知機如神」之「神」、「神無方而易無體」之「神」，它是指一種不限定的作用；「神知」即是指一種不是概念思考的無限定之「知」，也是一種「無知之知」，或者叫做「寂感真機」。當然，這種對於「神知」的後設說明，並不能令人對它有多少了解。對於「神知」，我們不好以命題來表達，亦即不是以「判斷」來表述，它卻見於我們應對世界的總體態度。

維根斯坦說過，信仰基督而真的把《聖經》理解為表述命題的經書，那是庸俗不堪的。基督徒之信仰基督，他的信念，就見於他的全部思想言行。正如有人高舉「愛人如己」的口號，卻又自私自利，那麼我們會說他不是真正相信他所說的。耶穌說，不是那些口頭上「主啊主啊」的人，而是全心全意愛神愛人的人，才能進入天國！這就看出真正的信仰，不必表述為一道又一道命題，也不必勾連成一個哲學命題的大系統。這是之所以尼采說康德是一隻吐出概念之網，把自己緊緊繫縛的大蜘蛛的原由。康德批評了以知性概念來認識上帝的路數，卻又以「判斷」來指稱我們對於宇宙終極體會的表現，確是作繭自縛。然而，康德的批判哲學也不因此而失去了意義。所謂瑕不掩瑜，只要我們循康德的理路去思考，最後並不把我們的妙慧、神知視為一種「反省的判斷」即可。

康德確是西方哲學中最偉大的哲學家，他所建構的哲學系統恢宏精奇，層次井然，使人可以拾級而上，終至哲學之頂峯。牟宗三則百尺竿頭，更進一步，提出了「真、善、美合一」之說。簡而言之，從概念分析的進路，我們的心靈有認知、道德、審美等功能，而成就真、善、美的價值。在此之中，人的心靈有不同的結構與呈態，康德都憑藉理性思考一一批判。然而，作為一個具體的人，心靈活動固然可以有不同的結構與呈態，但就這個心之本體來說，它不似是現象界的事物，它是神秘的，而不可以概念如「真」、「善」、「美」去分析的。中國哲學家早就認識到這一點，因此罕有對於心靈作用時的各種結構與呈態，作出理性批判，檢視它們的先驗成素，卻又妙用無方，而正面成就人文化成。

孟子說過，盡信《尚書》的記載，不如沒有《尚書》；我之於康德的三大批判，亦是如此。哲學家心思固然超於常人地複雜，但有疑問則解決，沒有疑問卻不必強作哲學思考。對於心思簡單如我的人，卻不能真的欣賞康德，而我相信康德亦不必明白中國哲學的「以天下之簡御天下之至繁」的道理。《易傳》有所謂「乾以易知，坤以簡能」，乾坤本於太極，心即是太極。邵康節讀《易》，於是拋開了傳統的經傳系統，自創一更複雜、更龐大、更精深的象數系統；又在其系統建構之上，揚棄其系統，而指出了「心為太極」之義。我也曾用心於邵康節的象數學，後來卻明白了他的把戲，於是半途而廢，學無所成。現在我之讀康德《判斷力之批判》，亦不過取其二、三策而已。今寫成《我是這樣讀康德的》，連序文十七篇文章，共三萬餘字，也是批評康德的意味多，受教的心意少。這是因為多年以來，我早已從吳明老師那裡，聽聞以反省的判斷來處理中國哲學。因此之故，今讀此書，已幾無所得。是為序。

何震鋒序於其樂山房
2022年8月29日

01

關於神性的知性與反省的判斷

吳明老師多番指出判斷力的重要性。由主帥決定一場仗能否打贏、生意人決定如何做一盤生意，乃至人生大大小小事情，都須要判斷力。所謂「判斷力」，就是「把特殊者思之為含在普遍者之下」的機能。比如醫學生讀了不少醫書，到了臨床診斷，究竟要把當前的病患歸於哪種病症，就需要判斷力。缺乏判斷力，任你讀破萬卷書，不過是學究一名，毫不濟事，更何況書都未讀懂的學者。判斷力又分兩種，一種是決定性判斷力，另一種是反省的判斷力。決定性判斷力是普遍的原則被給予了，然後我們把特殊者歸之於普遍者之下。比如我們有了對於某物種的判準，然後判斷一生物是否屬於該物種。決定性判斷成功的是知識，以及依「善」、「惡」概念而有的道德判斷。反省的判斷力是特殊者被給予了，然後才為之尋找普遍者。關於這點，說來話長。簡而言之，我們面對一特殊之物，便會思索有沒有普遍的原則貫徹其中，比如宇宙上帝的旨意，或宇宙創生的原則。這就是目的論判斷。另一種被康德同時歸於反省的判斷的，就是審美判斷。康德就是以反省的判斷力統攝審美判斷與目的論判斷。所謂反省的判斷力，就是如此一種機能，在我們面對紛紜萬象，但並沒有一種現成的原則把經驗世界統一起來，成為有理有序的系統，即是沒有一決定性判斷對經驗世界構成一種終極的知識；而要對於變化多端的經驗世界尋找統一的原則，就須訴諸反省的判斷力了。因此，關於宇宙的統一性原則，暫時撇開審美判斷不談，其實是來自目的論判斷。再提一下，康德以反省的判斷力賅盡審美判斷與目的論判斷二者。當我們指稱宇宙為「宇宙」，不是天造地設的。設想人類看這看那，何以會用一個統一的觀念「宇宙」，來囊括全部時空？這一方面來自人類的思考能力中的概念，另一方面是來自人類心智對於宇宙全體的實存的根據的理解而來，即是就人反省宇宙作為一事物如其所應是的事物，而完成其自己，終成為圓滿者的「目的」而來的。就算是一棵樹之為「樹」那樣被我們指稱，也是來自我們對它由種子、發芽、抽苗、生成、開花、結果，甚至是枯死，實現為其自己應有的目的之反省而有的。這就是合目的性的原則。反省的判斷力以「合目的性」為超越的原則，所謂「超越的原則」即是指「合目的性」原則不是來自經驗的學習的，而是由人的思考而來，而超出經驗界的。宇宙之具有合目的性，不能是來自決定性原則，因為決定性原則是應用於自然事物的，而依「合目的性」而有的統一原則，好像是來自知性概念，但其實是來自反省的判斷力。說「宇宙」是一概念，是來自知性，好像是來自決定性判斷，但它不能真的是出於知性，不是給予自然的法則。簡言之，宇宙具有一終極目的不能是一種知識，不能似是一經驗事實或數理命題為人所了解，但它有這樣的姿態。因此，一方面，宇宙的合目的性是出於反省的判斷；另一方面，它又須假定為一種出於知性的概念。我之前所說的，就是這一點。但這仍然不是全部。我認為這種康德式的思考，能夠補充中國哲學，尤其是《易傳》一路的宇宙論的理路。而閱讀牟先生的著作，更肯定了我這方面的靈感。《易傳》有所謂「知機其神」，「機」就是事物萌發之時，處於有無之間，被指為宇宙萬有的本源。「聖人有以見天下之賾」、「聖人有以見天下之動」就是見這個機。一物之實現為一物，除了「乾知大始」，還須「坤作成物」。前者是創生原則，後者是終成原則。我們以「乾坤」來反省宇宙萬有，就是一種以「合目的性」為超越的原則的反省的判斷。所謂「終極目的」是自由意志的結果。無論心靈如何高妙，自由意志之作為超感觸者，總須實現於感觸的自然界，而完成其自己。反過來說，整個自然界就以超感觸者為形而上的根據。而這須要由目的論判斷來完成。當然，這還是十分初步的玄想，我打算以此為基礎，寫一部易學書籍。但在我手裡沒有秘密，道是天下之公道，我不願走學院的窄路。我願意將它表述出來，讓大家一起沉思。順帶一提，反省的判斷力以合目的性為超越的原則，而康德認為反省的判斷包括審美判斷與目的論判斷二者，牟宗三就此提出異議。牟先生指出合目的性原則是審美判斷的超越原則是不切合的，因審美力不是知識機能。讀牟先生書須咬著這一點不放，而我於這點，亦只能淺解，未及深入。不知吳老師以為如何？

02 與牟宗三先生商榷

牟宗三先生：

有人重視生前的榮華，卻不了解身後紀念的意義。牟宗三之譯述康德著作，就是一種紀念；而我之讀牟先生著述，亦復如是。哲人已遠，但餘情尚在，恰似一杯咖啡的餘溫。一邊品嚐咖啡，一邊細讀《判斷力之批判》，乃有一二事要與牟先生商榷，於是筆之於此。

吳明老師曾說有一事未及與牟先生相談，就是：究竟道德判斷是決定性判斷，還是反省的判斷？牟先生主張前者，而吳老師較傾於後者，我以為兩者不必有邏輯上的矛盾。所謂「決定性判斷」，就是我們先有一條普遍的原則，而對特殊者下一判斷，以決定特殊者是否歸於普遍者之下。所謂道德判斷是決定性判斷，即是我們按普遍的善惡原則，以判斷一行動或事物，究竟是否屬於道德的。一般人以為價值判斷，包括道德判斷，是相對的，即你有你的意見，我有我的想法，莫衷一是。然而這是胡混的想法。若然價值判斷是任意的，完全相對的，我們就不能跟人講道理、不能批評人世之惡事，乃至不能稱一行動是善的。康德認為道德原則乃具有普遍性，而所謂道德原則具有普遍性，即道德原則不因一人而存，亦不因一人而亡，乃超脫個人的自然性好，如私人的利害考慮與特殊的喜好。道德判斷既是普遍者，以之來決定特殊者，因而屬於決定性判斷。至於「反省的判斷」，即是特殊者已被給予，而我們尋找它的普遍意義。比如面對盡忠還是要盡孝的兩難局面，我們當從特殊的抉擇之中，找出普遍的意義如天命之所在。我之應當行一善事，固然出於自由意志的判斷，但同時這亦有如宇宙上帝之命令於我，使我歸服效命。《中庸》所說：「天命之謂性」，即是將這上天之降命下貫而收攝於合於常情常理的人性之中。因此之故，我們之作一道德行為，固可說是已包涵一反省的判斷於其中。我們不必真經過顯意識的思考，但我們的行為可宛若服從於反省的判斷，而這種反省的判斷即是從特殊的事例之中發現普遍的宇宙論式的原則，如天命、上帝的旨意或神聖的意涵，並若合符節。此之謂道德判斷乃是一反省的判斷，亦即是反省的判斷中的目的論判斷。我們可以由此建立道德的神學，或用中國的老話來說，天人性命之學。

至於反省的判斷的另一種表現，就是審美判斷，牟先生認為審美判斷以「合目的性」為超越的原則，是穿鑿，而不順適，理由在於「合目的性」原則是認知的原則。所謂「合目的性」是指依我們的反省，一事物若合乎宇宙上帝的創造目的；而所謂以之為「超越的原則」，即是這「合目的性」原則不是從後天的經驗學習中發現的，或現成於經驗世界之中，乃超出後天經驗，而為我們的心智能力所反省而得來的。此中，我們說宇宙上帝的創造目的，好像真有一神性的知性，及由之而來的決定性判斷來決定被造物的普遍意義。然而，所謂神的旨意，即「合目的性」原則，並不是決定性判斷，而是反省的判斷；而所謂「神性的知性」，只具有一認知的姿態，並不真是出於認知機能的決定活動。簡言之，教徒所說的神旨，不是一種科學知識，就算我們說子不知道，只有父知道，這一知道亦不同於科學上，乃至常識上所謂知道，而屬於一種「神性的知性」，或中國人所說的「圓而神」的神知、感通。牟先生認為審美是一獨立於認知和實踐的機能，此即是所謂的「真、善、美分別說」，而康德以「合目的性」為審美判斷的超越的原則，因其似具有認知的特性，而加以批評，故寫成與康德商榷一文。如今本文指出康德假設「神性的知性」本於反省的判斷，此具有認知的姿態，而實在是與認知機能沒有多大的關係，或者說所謂「神性的知性」只是一借用的講法，為省力故。雖然看上去可能不甚妥貼，但其實是不必有礙的。也許，借用吳老師的說法，審美判斷與知識乃有一種「辯證關係」。

由此我們更可進一步了解審美判斷的絕對意義。所謂「絕對」即是「斷絕對立與分裂」之相的意思。所謂「對立」，即是在認知活動之中，所必然具備的主客結構，即一方面必有認知主體，另一方面必有一所知對象，而二者必然不能混同的。認知活動成就知識，即屬於「真」的理念。所謂「分裂」，即是在道德實踐中，已成之境與未成之境的分裂。在道德實踐之中，我們總面對一已然的實況，與一個應當成就而尚未成就的理境，即是事理之分。實踐活動成就道德，即屬於「善」的理念。「美」固然也是一理念，但審美力只表現為一妙慧，而免於「對立」與「分裂」的相狀。審美妙慧似是獨立於認知機能與道德意志，而有其特殊性相的心智機能。然而，牟先生指出，審美判斷以「無相原則」為超越的原則。「無相」，就是把一切特殊性相否定掉了，無關於「真」與「善」的考慮。審美力是這麼一種妙慧，它是免於「對立」和「分裂」，自身沒有特殊的性相，而為「無相」的。因此，「美」是一種解放，把心靈從真與善的緊張性，甚至從日用實效和勢利考量中解放出來，而成一種四無掛搭而灑脫自在的境界。牟先生指這種關於絕對境界之說，為「真、善、美合一」之說。他又說：「若在非分別說中，則妙慧被吸納於道心……此時只成一『即真即善即美』之境地。」一方面，在主體方面，通過審美妙慧，人可證悟「無我」之境；另一方面，於物之在其自己，顯出「無相」之如。但這亦不過是姑且地說，其實是無主無客，無「無我之境」亦無「無相之如」，而歸於一，而「一」亦無。牟先生認為康德審美判斷以「合目的性」為超越的原則，而「合目的性」具認知意義，所以是有相，違拗於「無相」原則。因此之故，牟先生認為康德的審美判斷不能達到「真、善、美合一」之境。本文卻指出了「合目的性」原則不必具有一般的認知意義，因此康德批判中的審美判斷不必有違「質」的機要，即是「無相」原則。有見及此，康德批判哲學中的反省的判斷，尤其是審美判斷，當可擔當通往合一說的橋樑。這一切又以把「神性的知性」的觀念解釋明白作基始。

後學
何震鋒　敬上

03

復牟宗三先生書

牟宗三先生：

昨天寫了〈商榷〉一文，今天再讀牟先生《康德：判斷力之批判》一書，無異於讀先生回信賜教。讀先生之書，獲益良多，今天又打擾先生清神，又寫一信於此，懇請指教。

牟先生認為康德把反省的判斷之審美判斷與目的論判斷混漫了，問題就出在二者皆以「合目的性」為超越的原則。然而，拙見以為，要解開這個糾纏，就須要問：審美判斷與目的論判斷究竟有甚麼不同？而這個難題的開解，又落在以下問題：到底「合目的性」原則是甚麼？兩種判斷所採取的「合目的性」原則有甚麼不同？

先說「目的」之意義。所謂「目的」，即是康德指出的「概念之對象」，比如孔子說：「君君，臣臣，父父，子子」，「君」的概念就是指向一目的，就是現實上的君主要實現為理想上的君主，「臣」、「父」與「子」的概念亦然。這是一種古典的語言哲學。又如黑格爾指出「理念是概念與實存的合一」，也是這個意思。順帶一提，數目「三」之作為一概念，就是來自數數的活動，而未必涉及這種「目的」作為「概念的對象」之義。由此，我們進一步說「合目的性」的意義。康德說：「概念……被視為是此對象底可能性之真實根據」，而且是「此對象的原因」。就一般實在論者的頭腦而言，是先有了實在的對象，然後人類才以心智活動的概念，去指謂對象。但康德指出，反而概念是對象的「原因」或其可能性的「真實根據」。就蘋果來說，如果我們不是有了「蘋果」的概念，才指認一對象為蘋果，那麼我們是認不得蘋果的，而最多只得到一堆不知名的雜多。因此之故，康德指出是心智概念先於對象之為對象而存在，確有其實證性，而為千古不刊之論。至於康德所講的「合目的性」，又本於「一概念之在關涉於其對象中的因果性」而說。所謂「一概念之在關涉於其對象中的因果性」，即是指上述以概念為對象之因，而以對象為概念之果了。然而，康德又說，「合目的性」可以脫離一實際目的來講。意欲機能按目的而行動，稱作「意志」；而不以意志為基礎的，反以一物之可能性，即上述的以概念為一物的真實根據的形式，就是「合目的性」。比如，我們不一定意欲一個蘋果，卻可以產生「蘋果」的概念，以之為統一的對象，這就是「合目的性」；而以自然之物為統一的對象，就是「自然的合目的性」。其中吃緊之處，就在於以自然之物為「統一」對象此一反省的判斷了。所謂「一個蘋果」，不是天造地設地現成在那裡，為甚麼我們不只視為雜多，或一堆原子，而視為一個蘋果？就是因為有了「統一」的判斷。就算我們說它是「一堆原子」，也是已經下了「統一」的判斷了。莊子表示「天地與我並生，而萬物與我為一」的形上洞見，但隨即又說：「既已為一矣，且得有言乎？既已謂之一矣，且得無言乎？一與言為二，二與一為三。自此以往，巧歷不能得，而況其凡乎！」所謂數目「三」是「二」的繼數，「二」是「一」的繼數，「一」就是源自上述的「統一」的判斷，因此數的概念乃是先天的概念。依康德哲學，數學概念屬於知性；而所謂知性，與攝取雜多的感性，以及訂立原則的理性，三者鼎足而立。所謂「合目的性」，就是反省的判斷中以事物為「統一」者的原則。

所謂目的論判斷以「合目的性」為超越的原則，比起上述的「自然的合目的性」多了一層意義，即是它預設了「神性的知性」。此義已述之於上一篇論文之中。姑且把這種目的論判斷的「合目的性」原則，稱作「客觀的合目的性」，因為它好似預設了客觀的神知，但其實這只是一個認知的姿態，它仍是屬於反省的判斷，而不是決定性判斷的。相反，康德把審美判斷的「合目的性」，稱作「赤裸的合目的性」，亦即是「主觀的合目的性」。所謂「赤裸的合目的性」，是指沒有預設「神性的知性」的純粹的「統一」原則；而所謂「主觀的」，是相對於「客觀的」來說。康德又指出，審美判斷伴隨愉悅之情，而這是完全自由的。所謂「自由」，即是免於利害考慮，免於認知概念，乃至道德衡量，這種愉悅之情是出於純粹的觀賞。同時，牟先生指出了：「赤裸的合目的性之形式只表示一對象或一對象之表象模式是在自由遊戲的想像力與知性之諧和一致之心靈狀態中呈現」，而且批評地說：「把審美判斷關涉於諸表象力（縱使是自由遊戲的表象力）間的諧和一致，這不但與審美無甚麼關係，這便沖淡了審美。知性究竟有多少顯豁的作用於審美，這不能無疑。」有關於「統一」的原則，即「合目的性」原則，是反省的判斷的超越原則。「一」作為純粹概念，即是沒有一一對應的經驗對象的概念，而屬於知性。雖然「合目的性」原則不屬於知性，卻在一定程度上與知性概念諧和。由此諧和，就產生了愉悅之情。依據康德所說，當我們發現那經驗中的「統一」時，會很「欣慰而高興」，這由於「紓解缺無之因」。簡而言之，我們以「主觀的合目的性」為原則作審美判斷時，真的好像能夠在經驗世界中，發現那森然宇宙，具備了井然萬象，「統一」的判斷得到了著力之處，不缺不無，而紓解了那缺無之感。這又如數學家從觀念世界的秩序之中發現美的欣趣一樣，是出於一種適然之感。牟先生誤以為：「但這種快樂之情正是『上帝存在之物理神學的證明』之所宣示者，因此，那合目的性之原則正切合於『上帝存在之物理神學的證明』，亦切合於『目的論的判斷』，而在這原則下所觀的自然正是牧師傳道之所讚美者，而這所讚美的世界之美好不必是『審美判斷』所品題之『美』，而快樂之情亦不必是審美判斷中之『愉悅』[1]。」他又總結地批評：「這正是第三批判關於審美判斷之超越原則之最大的疑竇。」這又回到篇首所指康德對於審美判斷與目的論判斷的混漫，其實是牟先生未能分別二者的分別在於：審美判斷以「主觀的合目的性」為原則，而目的論判斷以「客觀的合目的性」

1 牟宗三譯註，《康德：判斷力之批判》上冊（臺北：臺灣學生書局，1993年），頁14-15。

為原則；後者預設了「神性的知性」來作為「統一」原則，而前者只是純粹出於主觀的「統一」。論述至此，疑竇可解。箇中關鍵，就在於釐清相關重要觀念的意義。正如牟先生所說：「但是對審美以及此中之愉快而講這麼一個『合目的性』為其超越的原則，亦可謂刻而鑿矣。……吾每看至此語或類乎此者真有語意分析家所謂『你究竟意謂甚麼？』（what do you mean?）之感[2]。」誠然，康德的「合目的性」原則，究竟意謂甚麼呢？一笑！

後學

何震鋒　敬上

---

2 同上，頁19。

04 給聾子康德的一封未來書簡

康德先生，你的耳聾不只是一個傳說，而是一件事實。你是幸運的，因你聽不到別人說你的壞話；你是不幸的，不但是因為你聽不到走火警的鐘聲，而且聽不到來自宇宙深處的秘密。

你說審美判斷是以「合目的性」為超越的原則，可是你的耳聾不似是貝多芬的耳聾，貝多芬尚且可以從事他的事業，而你就只能執著你的知性概念不放。也許，你說審美判斷要與「自然的統一」的概念諧和，是有所見；然而，尼采對著你大聲叫喊，而今天我要把你再震聾一次。就算是阿波羅精神，都不是一種與概念諧和的機能，繪畫、雕塑、建築等藝術品尚且不是「一」個東西——即不是在我們的判斷中成為一個對象，因為當你視之為「一」的時候，它已不是藝術品了。所謂「一件藝術品」，老實說，是一個自我矛盾的概念。當你看到大自然景色，你看到自然的統一嗎？你這俗套的人，我不是說你太過執著於你的知性概念不放嗎？

你也許眼睛尚且明亮。你說審美力是自由遊戲，擺脫利害、善惡，乃至你最狂熱的真假。不過，聾子康德，我要對你說更難聽的說話！你說審美是一種判斷，卻不知道審美是一種體驗，而不是判斷，甚至我們訴諸直覺，也是哲學家的一種深深的偏見。你要說一種不能定義的原則嗎？日光之下無新事，由柏拉圖以來，你們不但大多數都是聾子，而且都是大近視。你謹小慎微的性格，使你不能真的看見夕陽，看見山河，看見紛紜的宇宙。河水是一嗎？是多嗎？「多」是一嗎？而「一」是多嗎？我們該如何判斷？理論不應超過藝術品本身，而你竟然說到「審美判斷」？除了欣賞之外，你還要對世界施加甚麼符咒呢？

聾子康德，聽不見自然的呼聲，是你的原罪；而聽不見音樂，令你的眼睛也失去了光明。有人說音樂是「時間的藝術」，而不知道音樂是超越時空的藝術！你太老了，以致你聽不見巴赫的《賦格藝術》；但你又太年輕了，以致你聽不見盧家炳的《碧雲深》！你說審美涉及主體的愉悅，是一種自由的愉悅，你不知道一種更自由、更超越的美感。超脫你的主體，銷解自我，變成會舞蹈的精靈。不要聽見，而要聽而不見，沒有一個自我在聽，也沒有聽見東西。止住意識之流，回去，回去你還未學會微笑的狀態！聾子，尚未學會記憶的人，又怎會忘記？你連聽都未聽見，又怎能聽而不見呢？

馬勒演的是技巧，巴赫譜的是境界，而來自宇宙深處的琴聲是終極！來聽一下《碧雲深》！來聽一下《歸去來辭》！對了，我忘記了你是聾子！那麼你就再生出一對耳朵吧！我將教你心齋，而你將發現美，並同時發現更好的自己。你將放棄你的美學，焚燒吧！你前半部的《判斷力之批判》！讓烈焰閃耀，閃耀得像你頭上燦爛的群星！

05

給康德先生的診斷報告書

今天早上，康德先生來到診所，說他的眼睛不舒服，並且視力變得模糊，難以找到焦點。經過檢查之後，我發現他腦部積水，壓住了視覺神經，因而影響視力。

康德先生的腦積水，是由於他搞錯了「目的因」這個概念，並以之來跟「有效因」來作對比。所謂「目的因」，是指我們用「合目的性」去理解自然，並視之為一個系統，或統一體。這即是說，我們視自然為一，而「自然」就是一個理念。這亦即是說，我們視自然為一個整體。所謂「客觀的合目的性」原則，就是我們彷彿以宇宙上帝的眼光，去看自然系統，而這其實也不過是出於我們的反省的判斷。「目的因」就是自然系統之所以成的原則。

老康德筆下的「有效因」，就是我們一般所理解的目的與手段的因果概念。我們理解機械因果世界中事物之間的因果關係，並不具有目的性。這就好像是說，事物之間的因果關係，並不具有神的意旨，不是出自一睿智心靈的設計。比如，我們說飛鳥的構造：鳥骨之凹形的形構、鳥翼及鳥尾，令鳥類便於飛行，這就是所謂的「有效因」，是偶然的。相反，老康德認為，事物之間的因果關係，就帶有目的性，也就是具有所謂的「目的因」。

作為一個專業的醫生，不難看出，康德在這裡犯了概念滑轉的語害，就是把「目的因」的意思從第一種轉移到另一種，有害思考。這是因為他的腦內積水所致。其實，如果我們採用「目的因」的第一個意思，而不滑轉到第二個意思，這個概念，就不會與「有效因」對立起來了。所謂機械因果的世界，也需要「合目的性」原則去理解。就算是一個桌球，碰撞另一個桌球，而令到它移動。在這種因果關係之中，一個桌球之為一個桌球，作為統一的對象，就需要「目的因」去理解。因此，「有效因」和「目的因」不是對立的概念了。

老康德的腦積水比想像中嚴重，以致他的視覺神經受損，令他看東西時找不到焦點。老康德說：「自然，若視作純然是機械作用，則它實可依千百種不同的路數而形成其自己而決用不著去發見那種統一，即那『基於像目的因之關係這類原則上』的那種統一，因而也就是意謂：那只有在自然之概念以外，而不是在自然之概念以內，我們始可希望先驗地去發見些微基於目的因原則上的統一之根據[3]。」這是錯的，而且錯得離譜。可見，他看不見經驗對象，比如一個桌球的統一。

3 牟宗三譯註，《康德：判斷力之批判》下冊（臺北：臺灣學生書局，1993年），頁5。

為了治療康德先生的疾病，我打算為他施針，取百會、四神聰、合谷、足三里、陰陵泉等穴位，另外開兩劑香砂六君子湯給他，並留院觀察。畢竟，康德先生年紀太大了，我們需要對他進行更深切的治療。

06

關於康德式學行車的安全檢查報告

木匠康德製作的學行車遠近馳名，適合世界各地三歲以下學行嬰兒使用。當嬰兒筋骨肌肉還未發達，以及腦部的平衡功能尚未圓滿，就需要一些學行車，使他們從半爬行中學會行走。當兒童的理智日趨成熟，就可以把木匠康德的學行車丟棄，或者留給他們的弟妹使用。木匠康德的手工精細，同時又大刀闊斧，這是不容置疑的。然而，根據新的星際學行車安全品質條例，現在我們要對康德式學行車及其設計圖則，予以安全檢查，看看這些東西是否能順利留到下一個世紀，繼續生產。

我們看過康德的設計圖則，在《判斷力之批判》中，他指出概念的對象是目的，這即是說，概念的構成或應用帶有目的，就算一個概念的形成不是由於一個具體的目的，它也帶有合目的性——即是沒有目的，但卻出於對於目的的設想。比如，「嬰兒車」的概念，不是來自現實上已有了嬰兒車，才有相關的概念，而是在實踐上，我們為了教會嬰兒行走，有了這個具體目的，才有相關的概念。這種叫做「材質的目的性」。至於有一些概念卻不是由於具體的目的而產生，比如幾何學中的概念，卻不一定為實用而服務，康德只管叫它做「形式的合目的性」。

所謂「形式的合目的性」，是指概念是由我們的理智所構造，而我們視一切對象為一個統一體。依康德書的前半部，講述美學中的「主觀的合目的性」，而依此書的後半部，講述神學中的「客觀的合目的性」，或者叫做「理智的合目的性」。這即是說，在宗教徒的眼中，一切皆井然有序，恍如出自一種睿智心靈的設計，而為一個統一的自然，而一一之物又為散殊的統一個體。康德又指出兩點：其一，事物之種種規律及其統一性，皆是「綜和性」的。所謂對象的「綜和性」，是指事物之為事物，乃由於超越的統覺之綜和活動。所謂超越的統覺，即是活動的心靈，而綜和是心靈呈現對象的一種功能，比如我們數數，由一數到二，由二數到三，並知道一加一等於二、二加一等於三，都是所謂的綜和活動。然而，我們不禁要問：一個「千邊形」的概念是如何形成的？它是否出現於直覺？又是否來自綜和活動？你真是會想像到千邊形嗎？你會像木匠一樣去數它的邊嗎？

另外一點是，康德指出，研究幾何的人可以廢棄一切經驗，而純從形式上研究幾何。他說：「雖然在一切這些辛勞中，老幾何學家們不經意地為後來者而工作，然而他們自己卻實是以一種合目的性而自娛，此合目的性雖即屬於事物之本性，然而他們卻能夠完全先驗地去呈現之為必然的[4]。」所謂「這些辛勞」，是指幾何研究；「後來者」即是幾何學對於經驗世界的解釋及應用；而「合目的性」可理解為合於概念的性質，比如三角形是由

4 牟宗三譯註，《康德：判斷力之批判》下冊（臺北：臺灣學生書局，1993年），頁9。

三條邊組成的封閉圖形，而其中的邊與邊、角與角或邊與角的關係，有一定的必然性。然而，所謂「此合目的性……完全先驗地去呈現之為必然的」，這句就令人大惑不解，或至少是不夠清楚的。幾何學上的公理，比如直線是兩點之間最短的距離，其中「直線」的概念或多或少來自直觀。此外，我們對於「直線」的定義，就影響整個公理系統的解釋。比如在地圖上，香港與北京的最短距離就在平面上成一直線；但當我們考慮地球時，即在一曲面上的香港與北京的最短距離，情況就不一樣了。因此，我們不能說幾何學的研究可以完全擺脫經驗世界，而具有有效性。

康德式學行車無疑可能是哲學界最出色的學行車，但當我們檢視它的設計圖則時，卻發現康德式學行車會甩轆，或令到嬰兒平衡力受損。這是因為康德的概念工具不夠。因此之故，我們建議有關當局作出一種善舉：把一個較完備的工具箱送給康德，好使他能夠再接再厲，為我們的哲學學者、業餘愛好者及社會大眾，製作出更安全舒適的學行車。

07

給康德的超時空邀請函

親愛的康德：

你好！我是來自二十一世紀的一個無名詩人，想邀請你到一九九八年的加拿大看電影，電影叫做《紅色小提琴》。我很有信心，如果你看了這電影，就會回到你的幼年，並且聘請明師，從小培養小康德，教他成為一個小提琴家。

你以為美感經驗是「自由遊戲」，就是擺脫愛恨情欲、利害關係，乃至自我的特殊性，而具有一種普遍性與必然性——關於所謂的「普遍性」與「必然性」，我們後面還會談到；現在我單刀直入，先跟你談談音樂，乃至藝術中的激情！不少人以為巴赫是音樂教宗，他將一切獻給宇宙之主，而沒有了自我。他好像是沒有烏雲的天空，沒有欲望，沒有激情，乃至沒有生命！這些人也是聾的，他們聽不見巴赫的熱情。就生理學來說，巴赫從少年開始，就發現他的情欲，而他生育許多，甚至在第一任妻子身後，娶了安娜．瑪格塔蕾娜，並為她譜寫了練習曲，就是他的愛欲的一個明證。沒有燃料，還會有火焰嗎？沒有小提琴，你還可以拉出美妙的弦樂嗎？「自由」，你這個抽象的概念，害死了康德！

音樂不是形上的東西，也不好說它是經驗界的東西。難道在這個世界之外，還有另一個世界嗎？難道在肉身之外，還有純潔的靈魂嗎？康德先生，我看你身體虛弱，面無血色，在你進入墳墓之前，已經失去了生命的跡象。尼采說華格納是一條響尾蛇，而你是一隻大蜘蛛。你吐出概念之網，把自己綁住了。你用功過度，只顧讀書，你讀《愛彌爾》好似服了一點溫補的藥，但這樣不夠。來！我們去看《紅色小提琴》吧！

紅提琴穿越不同的時空，一如美好的音樂經過輾轉相傳，或者說，與相傳無關，但它就好像神明，於不同人前示現。中國古人說：「神者，申也；明者，照也。」彈奏音樂，就是彈奏生命。音樂，摻雜了七情六欲。就在紅提琴未成之時，嬰兒夭折。就在紅提琴還是兒童之時，它不但是主人的良伴，而且奪去它就如奪去了主人的生命。當紅提琴青年時，伴隨著性愛，激發出創造力。紅提琴還被賤賣、審判，乃至不容於世，此時它秘密地發出悲鳴。最後，紅提琴被科學家研究，險被解剖！原來在琴身上的物質，是母親的血，混合了其他不知名的液體，並由死去母親的頭髮漆上。然而，紅提琴最後獲救了——被一個視之如己出的神秘人物盜去！就在逃走的時候，神秘人物坐上的士，給妻子女兒通電，難道他不是要把音樂獻給摯親嗎？因此，不要以為音樂是純粹的靈魂——你沒有讀過亞里士多德的《靈魂論》嗎？也應該讀讀錢穆的《靈魂與心》！

至於音樂好像是殊別的東西，即是你有你的喜好，我有我的欲求，並沒有普遍性與必然性的。康德！這次你終於說對了！當我們認為音樂是美的時候，我們同時生出一種要求，希望別人也認同它的美。這就是你所說的「判斷」了。當我們的審美體驗形成判斷時，怎能不要求別人也認同它。正如我們之間，並不存在私人語言一樣。也許，你也是一名語言哲學家！你之愛好概念分析，不及你之愛好人類文化。唐君毅欣賞你對於想像力的分析，卻不喜歡你的系統架構。於是，我明白了。你果然是一隻大蜘蛛！然而，我所說的「普遍性」與「必然性」，又超出語言之外，而為語言之上，或者叫做「思考之上」之東西！

我最喜歡聆聽的是小提琴的音樂，而巴赫的那幾首協奏曲，都不是我最喜歡的。除了四大小提琴協奏曲之外，即柴可夫斯基、布拉姆斯、貝多芬和孟德爾頌之外，我最喜歡西貝流士、《四季》和《梁祝》。就舉《梁祝協奏曲》為例，西崎崇子和呂思清的演奏有分別嗎？究竟你以甚麼為自我？你有問過自己「我是誰」嗎？你有嘗試了解過古希臘赫拉赫利特的哲學嗎？我告訴你一個小小的秘密：赫拉赫利特輪迴了，成為了尼采！而尼采又成為了我！我同時又是莊子與唐君毅！我還要告訴你一個秘密：我們都是宇宙靈魂散落了的碎片，我們的靈魂有三角形的、四邊形的，甚至是千邊形的。不要看赫曼．赫塞的《荒野之狼》，小說中的哈利說了一句你不喜歡的說話：「在學會游泳之前，切勿下水！」那麼，我們去看《紅色小提琴》吧！到時你會拾回靈魂碎片，並且把你的前半部《判斷力之批判》，連《實踐理性之批判》都付之一炬吧！

一個來自二十一世紀的無名詩人　謹啟

康德認為審美判斷不是一種決定性判斷，即不是依概念所構成的普遍原則，而把特殊者歸類；而是一種反省的判斷，並以主觀的合目的性為超越原則。所謂「合目的性」，即是在審美判斷中，以自然對象或藝術作品為統一體，而所謂「統一」，就是一純粹概念；而「主觀的」的意思是，這種判斷僅涉及主體的機能，而不涉及「神性的知性」。然而，這種審美機能仍須與知性概念諧和，這與柏拉圖以降，那種靜止凝固的概念化的世界觀有關。

唐君毅在《哲學概論》中，指出相對於西方傳統的靜態的世界觀，或者至少在繪畫藝術中所呈現的固定的觀點，中國哲學的世界觀是流動的，而表現為書畫中的流動的氣——謝赫六法中的「氣韻生動」，就是指書法作為線條藝術所表現的流動性，以及山水畫中所採用的散點透視法。吳明老師補充：西方中古時代的宗教繪畫，畫的是超感觸的世界，但卻採用科學化的技巧——例如一點或兩點透視法、重視黃金比例，甚至天使也要生出一對翅膀——如此老實！如此可愛！而東方的飛天，或者仙女，身纏絲帶，便可以御風而行。至於山水畫所採用的散點透視法，即是表現一次遊山玩水的歷程，而旅行中的不同景觀，皆可入畫。這就與西方哲學以固定的觀點去看世界相異，如史賓落莎以「一」與萊布尼茲的「多」，皆是固定的形上觀點。中國哲學就如中國書畫表現一修行者隨修養工夫的高低、深淺、廣狹，而呈現不同境界。不論儒、釋、道，皆不離人的工夫，而說世界的存在。就這一點來說，叔本華、尼采庶幾近之，而在西方傳統之中，梵高、畢卡索等畫家亦可算是聰慧過人。康德以審美判斷與知性概念諧和之說，固限於他的傳統哲學訓練與時代限制；而牟宗三就這一點批評康德迂腐，並且指出審美機能是一種妙慧。

撇開這點不談，康德說審美經驗須帶有一種愉悅之情——即有別於感官的愉悅與道德的愉悅，而為一種解放的愉悅，這亦過於籠統。尚且不說司空圖《二十四詩品》中的品題，亦不說劉邵《人物志》的品鑒之學，我們放眼日本文學，即可以看到閃耀於西方黑夜的眾星——而我最喜歡的是芥川龍之介。如果康德稍為讀一下他的《地獄變》，恐怕他也會夜不安寢！芥川所展示的，是一種由邪惡事物而來的詭異之美，是一種悲樂交纏的美，也可說是淒美。康德沒有讀過日本文學，我不怪他。康德甚至沒有看過日本電影——黑澤明的《電車狂》就用顏色來訴說悲哀中的希望。但這都不帶一點愉悅之情！就算如果康德能夠看一下 George Sluizer 的 *The Vanishing*，他也會感到深深的不安，因為這齣電影正是要挑戰康德的「自由」概念。還有俄國的小說大師杜斯妥也夫斯基的《地下室手記》、《罪與罰》、《賭徒》、《卡拉馬助夫兄弟們》等作品，無疑都給康德美學迎頭痛擊！

再談中國書畫，中國畫聖黃賓虹就指出作畫切忌「淒迷瑣碎，邪甜俗賴」。所謂「甜」，就是討人喜歡，使人愉悅之意。黃賓虹論「逸品」：「綜神、妙、能之長，擅詩、書、畫之美，情思淡宕，不以絢爛為工；卷軸紛披，盡脫縱橫之習；甚至潦草而成，形貌有失；解人難索，世俗見訾，有真精神，是為逸品[5]。」這是說畫作能綜合神品、妙品和能品的長處，而善於詩歌、書法、畫作之美，情思淡然落宕，不以絢麗燦爛為工巧；畫作紛陳的意境，盡脫縱橫奔放的習氣；甚至潦草而成，以致形貌有失；令解說的人難以索求它的真意，世俗的人都詬病，而有真正的精神者，這就是「逸品」。難道康德只會飲甜美的果汁，而不懂飲中國茶嗎？雖然藝術品使我們從日常經驗中解放，卻不一定帶有愉悅之情，甚至這不是崇高，康德呀！你的品味真令人懷疑！

康德講審美判斷，但審美不一定形成判斷，而是一種妙慧。由「審美判斷」所隱藏的概念化的世界觀，無疑使康德裹足不前，甚至尼采的阿波羅精神，把繪畫、雕刻、建築歸為形體藝術，也存有一種偏見。難道西方以前的哲學家，沒有看過天上的流雲嗎？中國人就是藉由看雲，而想到「氣」的觀念，赫拉赫利特觀水有術，可算是一個異數，而尼采可能是另一個。

5 王魯湘編著，《黃賓虹》（臺北：藝術家出版社，2001年），頁197。

09

送給康德一盒兒童鬥獸棋

康德先生：

今天我看了你對「適然性的合目的性」的論述，不覺大喜，於是登門造訪，怎知撞上你出門散步的時間。於是，我只好留下這張便條，以及一盒兒童鬥獸棋。

你說的「適然性的合目的性」是相對於「功利性的合目的性」而言，後者是指我們按我們心目中所具有的藝術意圖——此處所謂「藝術」，相當於科技工藝之類的人文活動——採用工具以達成一目的之反省的原則；前者是指我們視一結果為一藝術產品之反省的原則。舉個例說，我們懷有一藝術意圖，製作錘子去達到生活上的目的，便是功利性的；而我們視大地長出青草，好似意在餵飽牛羊，這種合目的性，便是適然性的。當然，當我們說大自然具有一自然的目的，這仍是就人的文化活動來考慮的。因此，你說：「這結果是否須被看成是自然方面的一個目的？因為這結果對於人隱藏有利益[6]。」正如牛之吃草，

6 牟宗三譯註，《康德：判斷力之批判》下冊（臺北：臺灣學生書局，1993年），頁16-17。

我們視牛為自然的一個目的，然而這是相對於人以牛來耕種，甚或人類食用牛肉，而說的一個相對的目的。就牛之吃草，對於牛來說，那只是「純然的原料」；而對於人的實踐活動來說，我們才會依「合目的性」原則作出反省的判斷，把牛視為一個自然的目的。正因為人要生存於世上，故此具有種種目的，而我們把這種想法，投放到自然界的事物之上，所以才視整個自然為有機體，而內具自然的目的，而這一切都是依人的文化活動而存。「自由」概念是康德哲學的拱心石，而實踐理性具有優先地位，這些都不是虛話！

康德，你不愧為一位偉大哲學家，我在你身上嗅到懷疑論者休謨的氣味！所謂自然事物之間存在因果關係，例如草的生長，以牛的食用為原因，不過是人喜歡把世界看成如此而已。你提到這種反省的判斷，不免是「十分冒險而隨意的肯斷[7]」，你也夠休謨了，但仍然不夠休謨。讓我告訴你中國人的一個兒童故事吧！話說一位主人舉行宴會，邀請了城中名流，大吃一餐。就在開動之前，主人祈禱說：「感謝上天，為我們創造了這麼多牲畜，供人食用！」就在這時，一個兒童反駁：「難道蚊子吸人的血，也算是上天為蚊子準備了人類給牠們食用嗎？」故事到此為止。這使我想到香港小朋友喜歡下的兒童鬥獸棋，大象能夠吃掉萬獸之王獅子，但大象卻會反過來給最弱小的老鼠吃掉。就像人好像處於自然目的論的頂尖，然而他們不過是眾生之一。我們以自然目的論去看萬物，看草木之為草木、

7　同上，頁20。

禽獸之為禽獸、山河之為山河、宇宙之為宇宙，皆不離人之為萬物之靈之「合目的性」原則。因此，康德先生，我給你留下一盒兒童鬥獸棋！

在此我們順便談談《金剛經》。你以目的為概念的對象，佛家的般若智慧就是要掃蕩一切「合目的性」的設想。比如，我們以「宇宙」的概念去總括時空之總相，《金剛經》上說：「世尊！如來所說三千大千世界，則非世界，是名世界。何以故？若世界實有，即是一合相。如來說一合相，即非一合相，是名一合相。」其中，所謂「世界」、「一合相」，即是理智心靈依「合目的性」原則，施設概念，去執成如幻的存有。佛家般若就是要銷解一切執著，而說諸法皆空。然而，如果你以為佛家不說「一合相」，不是一元論，而是多元論，那麼你也不了解佛家思想。《金剛經》又說：「『須菩提！若善男子、善女人，以三千大千世界碎為微塵，於意云何？是微塵眾寧為多不？』須菩提言：『甚多，世尊！何以故？若是微塵眾實有者，佛即不說是微塵眾，所以者何？佛說：微塵眾，即非微塵眾，是名微塵眾。』」對於「微塵」的執成，佛家般若一樣予以掃蕩，以歸於一切皆空。《金剛經》甚至掃蕩「須陀洹果」、「斯陀含果」、「阿那含果」、「阿羅漢果」，乃至「阿耨多羅三藐三菩提」及「金剛般若波羅蜜」之合目的性。印順就是以「性空唯名」來說明般若智慧。

雖然如此，但如果你因此以為《金剛經》主張一種虛無主義，那是一場誤會。

《金剛經》又說：「須菩提！汝若作是念，發阿耨多羅三藐三菩提心者，說諸法斷滅。莫作是念！何以故？發阿耨多羅三藐三菩提心者，於法不說斷滅相。」這即是說，如果你偏執於諸法斷滅，否定一切「合目的性」原則，那麼你又不了解《金剛經》了。考究佛家思想的根本，是針對苦、空、無我的問題，亦即是死亡與無常的問題。你以為有一個實在的自我，乃至有永恆的靈魂，或神我，都是人類心智依「合目的性」原則所執成的。因此，佛家以般若智慧予以銷解。《金剛經》上說：「世尊！我今得聞如是經典，信解受持不足為難，若當來世，後五百歲，其有眾生，得聞是經，信解受持，是人即為第一希有。何以故？此人無我相、無人相、無眾生相、無壽者相。所以者何？我相即是非相，人相、眾生相、壽者相即是非相。何以故？離一切諸相，即名諸佛。」所謂「信解受持」，就是指無人無我，也無被度的眾生，亦無超脫的壽者，如實地見一切法相，即名是「佛」，而佛相亦無。所謂既不取相，亦不視世間萬法為斷滅，即是既不執著於「合目的性」原則，也不完全放棄。就是提得起，放得下，運用之妙，存乎一心。該用自然目的論的時候，還是要用的！最後，僅以《殺悶思維》中的幾句作結：

見一切皆空，是佛家般若。

見可有可無，是金剛般若[8]。

就在誦讀《金剛經》之前，來！康德先生！我們來玩一下兒童鬥獸棋吧！

一名中國哲學的研究生

8 李天命，《殺悶思維》（香港：明報出版社，2006年），頁47。

康德先生：

昨天匆匆留下便條及一盒兒童鬥獸棋，未來得及交待棋例及下棋技巧，但比起下棋，我想你會對於佛家哲學更有興趣。我曾經說，金剛般若就是提得起，亦放得下「合目的性」原則，而這裡會產生兩個問題：何以要放下？又何以要提起？究竟佛家哲學教會了我們甚麼東西？印度經典有甚麼值得中國人、歐洲人，乃至世界人士參考呢？我們要把《金剛經》當作一古董把玩、買賣及轉讓，還是要把它的宗教哲學精神復活於未來世界呢？對於這些問題，我會在信中一一作答。

所謂「合目的性」，就是我們依此超越的原則，視自然或自然之物為統一體，乃至視自身之中，也有一個「自我」——即是具有同一性。昨天的我吃過食物，又經過新陳代謝，而意識又不斷變化有如瀑流，但我們總覺得昨天的我與今天的我，是同一的自我；甚至我們生生世世流轉輪迴，都好像有一個真實無妄的自我存在。然而，佛家的原初洞見就在於緣起性空，視一切不過是條件的集合，諸法因緣生，諸法因緣滅，萬法之中並沒有一個恆常不變的「我」，我們以為一切有它們的同一性，其實是來自我們的執著，就如你所說的「合目的性」一樣。佛陀當初之所以要銷解自我，講緣起性空，不是為了講一套先驗的學說，而是他深感於人生之苦，尤其是生、老、病、死之苦。他大概不能忘記難產而死的母親，故此覺得生命的本質就是痛苦；而解脫之道，就在於放下執著。因此，康德，如果你要成為一位佛教行者，請先放下你的「合目的性」的超越原則，乃至放下「緣起性空」的概念，空空而至於畢竟空，這就是佛家的般若精神。

當然，你不禁要問：既然世間萬法有如瀑流，剎那生滅，容不下我們心智機能所設想的「合目的性」原則，那麼究竟是誰在感到痛苦呢？既然無我，誰來證空呢？又或者說，證空也不過是多此一舉！康德，你是有上上慧根的人！如果我們天生就沒有如此的心智機能，能夠設想「合目的性」原則，乃至沒有自我，我們好像盲目的動物，或只有極為輕微覺識的植物，甚至是任運而動的石頭，那麼我們就不會有煩惱了！正因為人有如此的心智，他們會為自己及宇宙萬物施設「合目的性」原則，故此人是煩惱的存在。當我們感到痛苦之時，就可以反照出自身心靈中的「合目的性」原則——我們之不忍如此，並生出圓滿的理念。你說過「圓滿」的理念包含一種客觀的愉悅，佛家則說「常」、「樂」、「我」、「淨」，佛家的圓滿境界就是成佛。成佛是最終的結果，而成佛的根據就在於佛性。這好像是說，佛性是因，成佛是果，但是我們是根據眾生畢竟成佛的信念，而說現實上的眾生都有成佛的可能性，或者是真實的根據，因此我們說眾生皆有佛性。佛性即是自我與世界趨向圓滿的目的因，亦即是自我與世界的「合目的性」原則。就佛法身之在纏，我們說如來藏佛性；就如來藏佛性之出纏，我們說遍滿常的法身。有些學者誤以為如來藏好像獨立實在的大梵，生出宇宙萬法。其實不然。由我們之根據如來藏佛性，從因地上，即是從一開始修行，直到果地，即是圓滿之境，當中我們吃的一粥一飯，看的一花一葉，乃至遭遇的一切的人、事、物，都成為了成佛的助緣，而最終成為佛法身的顯現。就算我以刀子行佛事，刀子也具有了佛性，而為佛法身的一部分。就此來說，如來藏含藏一切佛法。所謂「如來藏」及「佛法身」，就是一名佛教徒依他的「合目的性」原則，來看待自身及世界萬法了。

由是觀之，佛家哲學權分為「般若」與「佛性」兩翼，前者教人放下「合目的性」原則，而後者教人在放下之中，又重新提起這原則，並涉及圓滿的理念。牟宗三在《佛性與般若》一書，就涉及「圓滿」的理念，而說「圓教」。但所涉問題複雜，在此僅將六祖慧能的穎悟略述於此。六祖慧能聽《金剛經》至「應無所住而生其心」，言下大悟，他就是明白到金剛般若即是佛性，佛性即是金剛般若。《金剛經》上說：「信心清淨，即生實相」，而不少僧侶解釋此經，就把重點放在「實相」之上。《金剛經》又說：「凡所有相，皆是虛妄，若見諸相非相，即見如來」，「如來」即是「實相」。然而，智不離如，如不離智，離開證見實相，沒有所謂金剛般若；反之，離開金剛般若，沒有所謂諸法實相。如以為先有如如，智心在後，固然是以為有一獨立自存的實相，是不對的。但若以為一心在前，萬法在後，也是笨拙。因此之故，金剛般若就是提得起，放得下「合目的性」原則。以上所說，已把佛家精義大體披露，如果能以「合目的性」原則去了解，則思過半矣！

一名中國哲學的研究生　謹啟

11 康德，我們郊遊去吧！

上次跟康德到流水響遠足，路上我們看見優美的小花，於是康德問他的學生有誰知道那是甚麼花，卻沒有一個人答得上，於是老康德感慨地說：「小子們！你們也太過功利了，學習只為了掌握事物的有效因，而未能深入自然物的目的因，因此你們永遠也不會參透宇宙的秘密！」我覺得老康德所言甚是，於是補充了以下這一番說話：

「所謂有效因，就是就一事物作出科學的探究，乃至常識的認知，以了解該事物於自然因果串系中的有效性。探究這種『有效因底因果連繫』，所成就的是機械的自然論。在機械論之中，自然事物之間的連繫，不過是機械因果。當然，在我們的日常生活之中，這種知識必不可少，而且能使我們好好應付世間萬事。然而，當我們順著整個因果串系，追索此因果串系的來源，即是要求對於宇宙的根源作一說明，便會爽然若失。在知識論上，我們客觀地追問因果的開始，會陷入二律背反——這即是說，我們說世界有開始會陷入理論困難，而說世界沒有開始亦然。如此，我們就由自然科學的研究跳躍至形上學的探索。一物之為一物不可以機械的自然論作存有論的根源說明，而必須以目的論作出一種形上洞見。

「在《判斷力之批判》之中，『目的因』的其中一個意思是，事物之存在被理解為趨向一創造的目的，而『目的因』又叫做『睿智因』，就是好似有一客觀的睿智心靈賦予自然事物以目的。就有效因底因果連繫來說，我們所了解的事物存在，是偶然的。比如，對於一朵小花，我們儘管研究它的存在條件，如陽光、雨水、空氣、土壤等，但小花的存在畢竟是偶然的，不似是有一睿智心靈賦予其自然目的，而保證其必然性。這就好像宗教徒視宇宙的運化，皆有宇宙上帝的心意在，而萬物都被視為自然目的。因此之故，當我們不以知性概念去決定一事物的有效因，反之，以目的論判斷去了解事物，就也許能夠參透宇宙上帝的聖心，領悟宇宙存在的秘密。這種目的論判斷所成就的，就是自然神學。」

關於自然神學，或者一種自然的創化論，我又按《判斷力之批判》中的目的論說：

「當我們把事物評估為自然目的，就同時把它理解為有機體。所謂『自然目的』，就是一事物既是其自己之原因又是其自己之結果。作為自然目的的事物，是以『全體』的理念，作為整全的統一而存在——目的因就是存在之因。此外，人之作為人，固然由他的身體各部分組成，比如五官、四肢、臟腑、血液、筋骨等，而這些機件又以其餘各部分，乃至全體，作為有效因而存在。這一整體，作為一個理念，是它存在的原因，而其由各部分組成的存在，又是它自己的結果。自然，作為一有機體，亦是如此。有機體即是自我組織的存有，而有機的自然者也能夠自我修復。因此，我們可以說地球好似一大生命。因為地球既是其自己之原因又是其自己之結果，而它也是一自我組織的有機體。」

到了此時，我話鋒一轉，說了以下這番話：

「老康德，你的哲學是美善的，但是過於美善了。你提到有機體自我修復的能力，也是聰明的，卻不夠聰明！你看到了創造、生育、成長，但你沒有看到破壞、衰落與死亡！老虎是自然的一部分，羔羊亦然，老虎食羊，乃至萬物互相競爭吞食，就有如世界自身的遊戲！既然自然有機體能夠自我修復，那麼它大概會受損或病倒吧！《莊子》中有『造化』的觀念，就讓我為你說一個故事吧！

「子祀、子輿、子犁、子來四人一起談話，說：『誰能把虛無當作頭，把生命當作背脊，把死亡當作屁股，誰能把生死存亡視為一體的人，我就與他做朋友。』四人互相看顧，莫逆於心，於是結成朋友。不久，子輿病了，子祀前往探問。子輿說：『偉大啊！造物者把我弄成這樣的病軀！』他背脊彎曲，五臟的腧穴在上，臉頰藏在臍下，兩肩高於頭頂，髮髻指向天空。自然之氣使他的心不順，閑而無事，蹣跚走到井邊，鑒照自己的身影，說：『哎呀！造物者把我弄成這樣的病軀！』子祀說：『你討厭你的病軀嗎？』子輿說：『沒有，我怎會討厭它呢？假使化我的左臂為公雞，我因此以它來報時；假使化我的右臂為彈子，我因此以它打鳥烤來吃；假使化我的屁股為車輪，化心神為馬，我因此而乘坐它，怎麼更需要別的坐駕呢？況且得到是時機，失去須安順，安於時而處於順，哀樂不能入於心中。古人說這是「帝之懸解」，不能自解的人，是被外物束縛了。況且萬物不能勝過自然也很久了，我又為甚麼討厭呢？』

「不久，子來病了，喘著氣快要死了，他的妻室和子女圍繞著他流淚。子犁前往問病，說：『嘿！走開！不要驚擾生死的變化！』倚著窗戶而與子來說：『偉大的造物者！又會將你變成甚麼？會將你送往甚麼地方？將你變成鼠肝嗎？還是將你變成蟲臂嗎？』子來說：『父母之於子女，東西南北，他們的命令必須聽從。陰陽之於人，不啻於父母，它要我靠近死亡而我不聽從，那麼我就是橫蠻了，它有甚麼過錯呢？大地以形體來承載我，以生命來勞累我，以衰老來使我安逸，以死亡來令我休息。因此善待我的生命，所以善待我的死亡。現在鐵匠煉鐵，鐵塊跳起來說：「我一定要做鏌鋣劍！」鐵匠一定會認為這是不吉祥的鐵。現在一遇上人的形體，而說：「人啊！人啊！」造化一定會認為這是不吉祥的人。現在一以天地為大熔爐，以造化為鐵匠，往哪裡去而不可呢！安然睡去入於死亡，驚喜醒來回到人間。』」

於是，我總結道：

「所謂『造化』，不是在萬物之外，另有一睿智的心靈；也不是在創造之外，另有破壞，破壞就在創造之中！『造』是從無到有，『化』是從有到無。一物方造，一物方化；一物才化，一物又造。至於子犁與子來口中的『造物者』，不過是對於『造化』的形象化抒寫。雖然有學者把造物者誤會為客觀獨立的睿智心靈，但是我們不要理他，他是喻盲——即是不能善於理解比喻的人。至於莊子說：『臭腐復化為神奇，神奇復化為臭腐。』所說的也是一種自然目的論。」

與康德談宇宙演化書

康德先生：

你說一物之為一物，如果要得到存有論的根源說明，或者說，我們要對於自然世界及其中的萬物，生出一種形上學洞見，就需要自然目的論。當我們視一物為自然目的，即是把它當作有機體來研究。有機體乃一自我組織之體，它的機件互為目的又互為手段。比如，我們研究大腦灰質的時候，不只是研究它的神經元，而同時研究它與白質，乃至大腦各部分，以至人的存在之關係；人的飲食、睡眠，好像是以灰質為目的，為之服務；反之，灰質負責人腦的決策機能，又作為人的存在的手段。如果不是具備這種自然目的論，我們甚至難以對於大腦產生機械因果的知識。至於我們研究大腦容量在演化之中不斷增加，這增加好像是有利於人的生存；但當我們發現近年來，尤其是進入智人文明的時代，人腦開始萎縮了，科學家也預設這是有利於生存，例如適應氣候變化或社會環境變遷，而這種大腦科學研究好像預設了一終極目的，人的演化乃不知不覺趨向於圓滿。這種目的論判斷是一種軌約原則，即是作為一種科學研究的指導原則。就人腦的科學研究來說，我們須預設大腦為一自然目的，並同時具有一終極目的。

這亦即是說，如果我們要對於自然產生機械因果的知識，也須要把自然視為一有機體——宇宙是一大生命——它不但是一個自我組織，而且具有一終極目的；縱使終極目的作為一條件，康德說：「而這一條件須被遠移到一永遠須向後撤的視界[9]」。它不是一個定然目的，而只是我們理解世界，乃至從事科學研究的指導原則。宇宙既為一有機體，為一大生命，它不但在其自身中遊戲著，甚至自身沒有清明的意識，卻趨向一終極目的，而總在演化之中。這好像是說，宇宙存在具有一個秘密，就是它的終極目的，而只要我們掌握了這個終極目的，就能揭開宇宙的奧秘。可是，我們永不能對於這奧秘產生知識，即是我們不能以知性概念去決定它，它只是由反省的判斷所生出的一種「神性的知性」，或者用中國老話說，叫做「知機如神」。

有些人以為他們真的能掌握宇宙的終極目的，而構成他們的大目的論，比如左派黑格爾主義者、納粹主義者，甚至一些心思極壞的一神教徒。他們沒有讀過你的《判斷力之批判》，他們不知道所謂終極目的，不過是來自反省的判斷；他們甚至沒有讀過《純粹理性之批判》，不知道人類心智總不能對於本體界構成知識。馬丁．路德說過，基督徒要不擇手段，達到最高的道德，然而甚麼是「最高的道德」呢？基督徒以為自己掌握了絕對真

9　牟宗三譯註，《康德：判斷力之批判》下冊（臺北：臺灣學生書局，1993年），頁36。

理，而無所不用其極，為了傳教，竟然喪心病狂，實在是一大傲慢，同時亦是一大麻木不仁。耶穌不是問過：「誰是我的鄰人？」

當然，康德，你的自然神學沒有此毛病，因為你在「終極目的」之外，又講了「自然目的」——自然作為一有機體，一大生命，它的各個機件均互為目的，同時又互為手段。你說過國家也是一個有機體，在憲法的保護之下，人不只是一手段，而同時互為目的。比如，我看醫生時，固然把醫生看作為我治病服務的工具，但我同時尊重他的人格，而視國家的存在，既保護我的生命財產，亦保護對方的。國家為人們而存在，而人民又要保護國家。如果我們將這種自然目的論放諸自然，自然既是一有機體，那麼在自然中的每一事物，包括人、畜牲、野獸、飛禽、游魚、草木、石頭、河川、山嶺、幽谷、流雲、日月、繁星等，都是互為目的又互為手段，它們都是自然目的。這亦即是說，事物各是一自然目的，我們不能只反省一大目的，而掩蓋一切差異的自然目的。這亦是中國人喜歡說：「物物一太極，統體一太極。」我們既講普遍的終極目的，又講一切殊別的自然目的。

然而，當我們說自然目的時，會遇到一個泛靈論的理論困難：一個針尖上有多少個靈魂？——即是：一朵小花具有多少個自然目的？其實，康德，依據你的批判哲學，這不是一個難題！就像終極目的一樣，自然目的也是來自我們的反省的判斷，因此我們不能對之構成知識，即是我們不能以概念思考去決定，一朵小花究竟具有多少自然目的。古代先民知識尚未發達，但他們有一種智慧，在矇矓的生活之中，直覺到萬物彷彿皆有靈魂。他們崇拜山川、江河、日月、星辰，這一如後世的宗教徒崇拜宇宙上帝，都是出於目的論判斷。只要我們心靈有所投向，即我們作出目的論判斷，事物便具有自然目的，因而有了生命，好像成為了有機體。事事物物皆有靈魂，這是來自宇宙作為一大生命，擁有一大靈魂而言。關於這些玄想，我都是受到吳明老師的啟發，可說是：康德先生百尺竿頭，吳明老師再進一步，我就一射入網！

關於你的自然神學，我的發揮至於此止。自然神學當保護一切原始的自然宗教。於此，抄錄 William Blake 的詩句作結，希望你會喜歡：

To see a world in a grain of sand
And a heaven in a wild flower,
Hold infinity in the palm of your hand
And eternity in an hour.

一個中國的無名詩人　謹啟

13 宇宙我

根據康德《判斷力之批判》，就算我們研究物理學，都必須預設一種形上學觀點，就是自然的「合目的性」。這類似我們存有一藝術意圖去製作工具，以達成一人文世界的目的；我們視自然全體及一切自然之物，為一藝術作品，亦即視之為自然目的。這亦即是說，就算是一張桌子的存在，也不只是一種人文世界的工具，而整個自然世界也以之為目的，為之而存在。此可類比於人體的肝為人體而存在，而整個人體的運作又反過來為肝臟而服務。在自然世界之中，一切既互為目的又互為工具。若不以此形上觀點去看世界，有效的因果關係，乃至機械因果亦無從入手研究。因此之故，根據目的論判斷，我們視自然為有機體，以宇宙為一大生命。

由是觀之，自然目的論是自然科學的基礎，我們必在此觀點之下，才能夠從事科學研究，縱使我們對此形上洞見沒有深刻的反省。正如我們日常生活中都會應用到形式邏輯的定律，就算大家未必讀過邏輯學。就此來說，「自然的目的」是自然科學的內屬原則；而我們不一定由此而逾越到「神的目的」，自然科學不必預設神學——尤其是設計論論證。有不少基督徒科學家以為探索自然世界的規律，可證明上帝是這個世界的設計者。這不過表示他們既不懂得科學哲學，又不懂得神學而已。當然，當我們發現自然是如此有物有則，一切好像，僅是好像有一睿智匠意所使然，便會心生讚嘆，甚至歌頌自己所信仰的上帝的大能。但這並不構成「證明」——是我們先以此「客觀的合目的性」原則去看自然世界，若再以此來證明上帝作為一設計者而存在，就會構成循環論證。何況自然世界好像存有一睿智匠意，並不就一定要過渡至「神的目的」的觀念。我們不妨忠於自然目的論，而說「合目的性」原則為自然科學的內屬原則。自然目的論不必預設上帝存在，而「自然的目的」不可與「神的目的」混擾。這所以愛因斯坦不同意哥德爾的路德宗信仰，而相信史賓諾莎式的泛神論上帝。而中國道家的氣化宇宙論，比如莊子的「造化」之說，也與自然目的論若合符節，皆不必預設一人格神。

我們之視宇宙為一大生命，乃本於自然目的論的「合目的性」原則。正如上文所說，雖然我們不存有一藝術意圖，但亦本於人的藝術活動，而說自然是一藝術作品。因此，世界之為世界，乃染上了藝術活動的色彩；自然不過是人的影子。我們之如何理解自身的生命，便如何同樣理解自然，乃至所謂的「宇宙的大生命」。這亦即是說，如果我們不是這樣的有機體，不是以「合目的性」原則去看自己，也不會以這種原則去把自然看成是有機體。因此，叔本華是對的！他從自身的生命意志，即一切欲望衝動之中，去體會宇宙意志，而說一切都是生命意志的表現。叔本華甚至把自身的痛苦看成是宇宙的本質，皆是由於自然目的論的「合目的性」原則。《易傳》沒有這樣的悲觀色彩，而說：「天行健，君子以自強不息。」我之自強不息，天也剛健起來了。對於中國思想家來說，宇宙生命是非常親切的觀念。

把宇宙看成是一大生命，是一種形上觀點。然而這種形上學不是任意的，我們是怎樣的人，就會把宇宙看成是甚麼樣子。《聖經》上說，上帝按照自己的形象創造人。反之，人也以自身的形象去體會上帝。中國人說，仁者見之謂之仁，智者見之謂之智。一千個讀者就有一千個哈姆雷特。至於上帝，乃至宇宙的大生命亦是如此。這都是人根據反省的判斷，而把自然判斷成我們所理解的樣子。在自然世界之中，我們脆弱如蘆葦，但我們會思考——會思考這個宇宙，把它反省成類似我們的樣子。由此可以進一步說，宇宙生命就是我，而我就充斥著宇宙。古代中國哲人沒有康德批判哲學的概念工具，但他們對自身與世界，抱持一種直接的智慧。一方面，中國人說：「天命之謂性」，天下降命令，而成為人的內在之性；另一方面，中國人又說：「不怨天，不尤人，下學而上達，知我者其天乎！」反求諸己，步步修養，乃至於與天呼應。如此一來一往，就成了中國哲學的核心要義。沒有離開我的宇宙，沒有脫落宇宙的我，我就成了宇宙，宇宙也就是我了，姑且名之曰：「宇宙我」。

這亦可以解釋何以中國人沒有神學，而只有自然目的論的形上學，乃至道德形上學。中國哲學並沒有越過「自然的目的」，而說「神的目的」。因此，「天」對於中國人來說，好像是超越的，然而卻又是內在的——內在於人性之中，乃至內在於人性的客觀表現的歷史文化活動之中。此等種種歷史文化活動，皆是心的表現。心具有活動之意，類近黑格爾所說的「精神」。人性就見於人心，盡心，所以知性；知性，所以知天。中國人講「天心」，不似神學家講一個獨立自存的上帝。講論「心」的哲學，所以能夠千古唯心而實證相應。講自存的上帝，所以離開人性而具有虛幻性。前者為圓教，而後者為離教。「圓」是圓滿無憾之意，而「離」是脫離根本的意思。因此，康德《判斷力之批判》的後半部論目的論判斷，乃可與中國哲學相通，甚至可以與世界宗教相通。就算我們不講「宇宙我」，但離開目的論判斷，我們還怎樣可以講形上學，乃至神學呢？萬丈高樓從地起，就讓世界宗教哲學建立在康德的批判哲學，特別是反省的判斷上吧！

康德以「反省的判斷」賅括「審美判斷」與「目的論判斷」，此舉不能令人不置疑。所謂「反省的判斷」是相對於「決定性判斷」來說，而決定性判斷是以知性概念為原則，把當前被給予的特殊對象歸於普遍者之下，比如我有了「黑猩猩」的概念及相關的判準，於是我以此普遍的知性概念，決定是否要把一些特殊的對象歸之於其下。反之，在反省的判斷之中，比如對於藝術品，我們不是先有一「美」的概念來把藝術品來歸類；甚至審美也不必然要形成判斷，審美力乃是一種妙慧。關於這點，我們已經在之前的文章批析過。不過，康德還是捕捉到一個重點：如果我們真的要作出一審美判斷，這種判斷不是決定性判斷，即不是以普遍者來決定特殊者，它不是一種認知活動的結果。好了，我們且來考察一下所謂的「目的論判斷」如何是反省的判斷。

目的論判斷以「客觀的合目的性」為超越的原則，而「客觀的合目的性」就是我們對於一被給予的特殊對象，反省它的普遍意義，即是它的「目的因」——好像宇宙上帝創造它，賦予了一種目的，而令它存在。然而，這不是一種認知活動，亦即不能是一種由知性概念而來的決定性判斷；因為我們對於宇宙上帝及其旨意，不能構成知識。比如，宗教徒說下雨是神的旨意，而不下雨也是神的旨意，甚至一切發生的事情都是神的旨意，這是欠缺科學上的解釋能力的，因為我們不能根據神旨論預測未來，至少不能預測明天下午是否下雨！所謂「目的因」，只是我們看待世界的一種指導性原則，它構成我們的形上洞見，使人能夠好好生活，乃至從事科學研究。「目的因」又分為「自然目的」與「終極目的」兩種，前者涉及自然有機論，而後者涉及宇宙演化論。關於這點，亦已述之於前文。然而，在這裡我們要反省的是：究竟我們對於「目的因」的反省，是否要構成判斷，而所謂「合目的性」又是否一定要形成一原則，以作判斷之用呢？

康德的批判哲學無疑是百尺竿頭，他在「目的論的判斷力之辯證」中指出：反省的判斷力在其所反省的對象方面，缺乏像決定性判斷的由知性概念構成的普遍原則，因此「它必須是其自身對於其自己即是一原則[10]」；還有，這種原則是「只用來充作我們的諸認知機能之『合目的的使用』之一純然主觀的原則[11]」。這裡所說的有對的地方，也有不對的地方。說我們所反省的「合目的性」，即「目的因」是主觀的，如我們志於學，而希聖希賢，來作為當下之行的終極目的，是一己之事，並且是自主的，這是對的。但所謂反省的判斷力作為一原則，「它必須是其自身對於其自己即是一原則」，這句說話到底是甚麼意

10 牟宗三譯註，《康德：判斷力之批判》下冊（臺北：臺灣學生書局，1993年），頁49。

11 同上。

思呢？這大概是指反省判斷力並非把一法則當作 autonomy 來規劃自然，而是把法則當作 heautonomy 而規劃自己，前者是指知性為自然立法，後者是指反省判斷力指導著它自己，而不是對於自然對象作出決定。說到這裡，的確有點蹊蹺。這是因為所謂目的因的反省，既是主觀的，但當我們形成一判斷——即是以命題來表述之，那又不能只是判斷者一人明白，而同時須為其他人所能夠了解；然而，康德又認為它不能夠像決定性判斷一樣，以普遍的知性概念為原則，去決定自然對象；因此之故，他說反省的判斷是 heautonomy 的。這不過是一個奇怪的哲學家的一種奇怪的哲學。其實，對於目的因的反省，不必然就要形成判斷；但一旦形成判斷，它必須能夠成為與人溝通的媒介，而具有普遍性。我想，康德是混淆了不同層面的東西。

所謂「合目的性」之反省不一定形成判斷，就如中國哲學中所講的「知行合一」。《大學》裡就提到：

所謂誠其意者，毋自欺也。如惡惡臭，如好好色，此之謂自謙。故君子必慎其獨也！

所謂「誠其意」的工夫，就是不要自我欺騙。就有如討厭惡臭，又有如愛好美色，這就令到自心滿足。因此君子獨處時必須謹守這顆仁心。這裡以愛好美色來比喻仁心發動，說仁心發動就如愛好美色一樣真實自然。當然，愛好美色也是來自生命的內在力量，也就是這顆仁心。後來門人徐愛問及王陽明「知行合一」的道理，王陽明便引述了《大學》中的這一段來解釋，指出「知」與「行」不是兩件事情，真知便必須行得出來，實踐即是真知。他說：

故《大學》指箇真知行與人看，說「如好好色，如惡惡臭。」見好色屬知，好好色屬行。只見那好色時已自好了，不是見了後又立箇心去好；聞惡臭屬知，惡惡臭屬行，只聞那惡臭時已自惡了，不是聞了後別立箇心去惡[12]。

《大學》中所謂的「好好色」，便是「知行合一」了。一般來說，見到美色是知，愛好美色是行，但當我看見美色時，就同時愛好美色了；而當我真的愛好美色時，才能真的知道這是美色。美色之為美色，就在於我愛好這個美色。因此，不是先看見了、知道了美色，然後再立一個心去愛好、去實踐。這是比喻良知的「知行合一」。用宋儒的話來講，這是「德性之知」，而不是「見聞之知」。因此，見父自然知孝，再立一個孝的心，然後再去行孝，那已是造作不真誠了。由此可見，對於中國哲學家來說，由「知」至「行」，中間並不涉及判斷，我們可以反省到事物的「合目的性」，卻不必形成以超越的原則來作出目的論判斷。有關這一點，你可以說中國哲學是落後的，因它好像沒有嚴謹的系統性；但你也可以說，中國哲學是如此真實，是如此緊扣實踐，如此「知行合一」！

12 王陽明，《傳習錄》（臺北：金楓出版社，1999年），頁7。

關於活物論的「可厭的循環」並由此聯想到《囈舉滑雞思辯錄》

對於自然是否意匠設計的，康德認為涉及「自然目的底觀念論」和「自然目的底實在論」之爭。所謂「自然目的底觀念論」，是指「自然目的」只是一觀念，並沒有客觀的實在性，即不是真實的，只是人類心智的空想而已，而為「空洞的概念」；「自然目的底觀念論」又分為「自然決定之偶然性之觀念論」和「自然決定之定命性之觀念論」，前者主張一切自然物之存在，皆出於自然因果律，而為偶然的；後者主張一切自然物之存在，皆出於自然因果律，而為定命的，或者是必然的。無論如何，兩者皆是自然機械論，並以「因果」概念為決定性判斷的普遍原則，即：我們先有因果原則作為普遍者，再去決定一切經驗事物為機械因果中之物，或為偶然的，或為定命的。然而，我們不禁要問一根源的問題：構成這樣決定性判斷的「因果」概念，畢竟從何處來？又，我們何以會以決定性判斷去斷定自然乃是一機械運作之物？這判斷究竟有甚麼理據？這不就是獨斷論嗎？反溯其源，雖然「因果」是知性概念，但也是出於我們的藝術實踐。最初，我們存有藝術意圖，於是產生「因果」概念，而「目的因」就是一種特殊的因果原則。我們以目的為因，以行動為果；又以行動為因，達到目的為果。人類心智中的因果原則，就是以反省的判斷為根本。這亦即是說，所謂以因果為原則的決定性判斷，以及由之而成的自然機械論，都本於自然目的論；但不論是偶然論，還是定命論，都不過是「自然目的底觀念論」，皆不足以在系統內部證成「自然目的」的實在性。至於「自然目的底實在論」，分為「活物論」和「智神論」，而皆主張自然是意匠設計的。先撇開後者不談。康德批評「活物論」之證明自然目的論，乃是一「可厭的循環[13]」。其實，這種批評並不妥當，現在我們就來考察一下有關的論述。

康德指出：「但一有生命的活的物質之可能性是完全不可思議的。此概念自身即含有自相矛盾，蓋因無生命性、墮性，構成物質之本質的特徵[14]。」這裡康德就犯了強定成空的語害。這即是指康德先把物質定義成「無生命」、「墮性」的，而說「有生命的活的物質之可能性是完全不可思議的」，並指「活的物質」是自相矛盾的概念。只要我們反省一下，我們的身體，乃至構成身體的細胞，算不算是有生命的活的物質？如果不算，又怎樣才算做「有生命的活的物質」呢？康德補充說：「如是，如果賦有生命的一種物質之可能性，以及那被『看成是一個動物』的『一堆聚集的自然』之可能性，被用來支持大宇宙中的自然之合目的性之假設，則那種云云之可能性亦只能在其經驗地顯現於小宇宙中的自然

13　牟宗三譯註，《康德：判斷力之批判》下冊（臺北：臺灣學生書局，1993年），頁66。

14　同上。

之有機組織中之限度內，極保留地被使用[15]。」一堆粒子被看成是一動物的可能性，即是「經驗地顯現於小宇宙中的自然之有機組織中之限度內」之可能性，其實不只是一種可能性，我們確確實實就視自己為活物，乃至視家禽、野獸、游魚、飛鳥、草木為有生命的物質，這都不只是一個假設，而是出於我們的反省，或用康德的術語來說，是出於以「合目的性」為原則的反省的判斷。因此，如果我們視宇宙為一大生命，也不是以上述的「可能性」來支持大宇宙中的自然合目的性之「假設」，而該當亦是出於反省的判斷——由當前被給予的特殊對象反省它的普遍意義，而作出一種特殊因果性的判斷——即目的論判斷。康德又說：「此賦有生命的物質之可能性以及當作一動物看的一聚自然之可能性是決不能先驗地被覺知的[16]。」所謂「有生命的物質之可能性」不能先驗地被覺知，即是我們不能從分析「物質」的概念，而得到「有生命的物質」的概念，雖然我們它可以「經驗地顯現於小宇宙中的自然之有機組織中之限度內」，這即是說，我們在經驗中發現了生物。康德繼續說：「因此，如果有機存有中的自然之合目的性是想從『物質之生命』中被引生出，而又如果此『物質之生命』轉而又只能在有機存有中被認知，則這在說明中必存有一種可厭的循環[17]……」簡單來說，康德指出，如果我們以「物質的生命」說明有機物；又從有

15 同上。

16 同上。

17 同上。

機物中認識到「物質之生命」的概念，那就是一種「可厭的循環」！當然，我們是從反省中知道自己是有生命的，因此類推其他生物，乃至宇宙的大生命。這裡就無所謂「可厭的循環」了。由此可見，康德是自己先從一種認知的態度，甚至是以決定性判斷，先預設「無生命的物質」的概念，然後用來決定自然系統中之特殊者，甚至是自然本身，並以此反過來說「活物論」為循環論證。其實，這是他自己先強定成空，既犯了概念扭曲，又因此構成了空廢命題，就此而言，康德可說是「一箭雙雕」！

不過，康德在「『斷然地或斷然地處理自然技巧之概念』之不可能性源自『自然目的之不可解性』」一節中，提到一點頗為切中要害的，他這樣說：「『自然目的之概念（之客觀實在性）不是可證明的』這一點由以下之考慮觀之是很清楚的[18]。」所謂「客觀實在性」是指「自然目的之概念」的外延，亦即是指這概念在經驗世界中有所指涉，而這是不可能被證明的。康德又說：「因此，如果它要想避免自相矛盾，則它在含有自然中的事物底可能性之基礎以外，必須進而亦含有此自然本身底可能性之基礎，並亦含有『此自然本身之涉及某種東西不是一經驗地可認知的自然物，即涉及某種超感觸的東西，因而亦即涉及那畢竟不是可為我們所認知的東西』這種涉及之基礎[19]。」所謂「超感觸的東西」，即

18 同上，頁69。

19 同上。

是「合目的性」原則，而涉及「合目的性」原則的基礎，就在本於我們的反省——對於自身，乃至自然本身的反省，所作的目的論判斷。

關於康德批評「活物論」是循環論證，我想到多年在網上看到《戇舉滑雞思辯錄》一文，今引錄部分如下：

王偉雄教授於〈略論李天命的反全能論證〉中指出：

「反全能論證出錯的是這部分：『不管X是甚麼，如果X不能造出一塊自己舉不起的石頭，那麼X也不是全能的，因為無法造出這樣的一塊石頭。』如果X是個全能者，那麼X造不出的便是一塊全能者舉不起的石頭，但『全能者舉不起的石頭』是邏輯上不可能的，因此，X只是做不到一件邏輯上不可能的事，與X的全能並無抵觸。」

另外，文中又有一題為〈邏輯韻事〉的小節：

「當年某大學哲學系師生有一則邏輯韻事，前半廣為人知，後半則幾成秘聞，今天由我道出始末，以免謬種流傳，也算是功德。話說李老師跟眾學生講解反全能論，談到酣處，一直默不作聲的學生丙突然發言，眾人為之一驚。

「學生丙：我是全能者。

「李老師：你能造出一隻蛋嗎？

「學生丙：我不能。

「李老師：這就表明你不是全能者了。

「學生丙：如果我是個全能者，那麼我造不出的便是一隻『全能者造不出的蛋』，但『全能者造不出的蛋』是邏輯上不可能的，因此，我只是做不到一件邏輯上不可能的事，與我的全能並無抵觸。

「李老師：你的講法暴露了你是一隻蠢蛋。」

備註：聞說《戇舉滑雞思辯錄》將於李天命《哲道十四關》刊出，此文應該還在審訂之中，因此請勿廣傳！

關於老康德誤殺上帝的辯護陳辭

法官大人，眾所周知，康德在《純粹理性之批判》中謀殺上帝，只是一個謠言。他答應了虔誠的鄰居老婦，會在《實踐理性之批判》中，把上帝還給她。因此，康德在分析「道德」的概念時，以「上帝存在」為三大設準的其中之一。然而，對於康德來說，「上帝存在」作為道德這個理性事實的設準，好像還未足夠。他還要在《判斷力之批判》中，以「客觀的自然合目的論」的巧妙方式，證立上帝作為一個自然世界的匠意設計者之睿智體而存在。可惜的是，「上帝存在」作為一命題，正表達一種知識，又會重新被他自己的知識論所否定。因此之故，老康德被指控好心做壞事，不但將上帝重新置於險地，而且把祂誤殺了。這種誤殺上帝的指控，無疑已對當事人老康德造成極大的困擾，並且引來邏輯實證論的哲學家嘲笑。今天，作為辯方律師，我要代表老康德洗脫嫌疑，還被告人一個清白。

康德指出我們的心智之所以能對自然世界的事物產生知識，乃至對於自然作為一個整體有所理解，是本於「合目的性」的觀念；而「合目的性」觀念的有效性，或適用性，就是以自然作為一睿智體的匠意設計的產物為原因。這亦即是說，只有以「上帝存在」作為原因，自然世界才可被人類心智所理解。這種自然神學的巧妙之處，就在於以「合目的性」

作為論據，而「合目的性」又是我們思辨或實踐時所具有的原則，於是老康德舊酒新瓶，重新構造了哲學史上有名的設計論論證。然而，老康德在為「上帝存在」這個命題施以巧妙的搭救手術時，卻又犯上了概念混淆的語害，他把「客觀的」一詞的歧義搞混了。這使「上帝存在」再度陷入險境，乃至萬劫不復之地。

康德說過：「我們不能夠客觀地去把『茲存在著一睿智的根源存有』之命題予以實化。正相反，我們只能為『我們的判斷力之在其反省自然目的中之使用』而主觀地去實化此命題……[20]」這即是說，我們不能把「上帝存在」視為描述客觀事態的命題，而只能以之為我們思維或行動的格準，或者準確一點說，一種信念或者取態。如果我們要說這信念或取態是「客觀的」，乃是就人人皆然來說，而不能是指作為一對象客觀存在的上帝而言。不過，老康德旋即又說：「對每一或任何會思維而且能認知的存有而言，這『遵循目的之觀念』之遵循，作為一必要條件，因而也就是說，作為一個『亦繫屬於對象客體，而並非只繫屬於主體，即並非只繫屬於我們人類自己』的條件，也同樣地有效[21]。」這是把「主體間的」意義上的客觀性，推進一步至於「繫屬於對象客體」的意思。老康德甚至說要論證上帝是「一世界外的存有」，而這就會置上帝於死命。所謂「世界」，即是全部時空的意思，

20　牟宗三譯註，《康德：判斷力之批判》下冊（臺北：臺灣學生書局，1993年），頁74。
21　同上。

一切存有皆不能在世界之外，那麼「一世界外的存有」，究竟是甚麼意思呢？雖然康德不是蓄意殺害上帝，但人們會不禁指控，他犯上了誤殺的罪行！

雖然康德對於人類理性作出了批判，而他的知識論轉向為現代哲學打下了穩固的基礎，但是他仍然不脫西方哲學的陋習，仍然視「上帝存在」為一命題，而意圖論證一個作為認知對象的上帝。也許，他不是存心這樣做的，但至少他的行文充滿這樣的顏色。如果我們不將康德《判斷力之批判》理解為建構知識系統的工程，而是詮釋為康德對於人類心智對自身及世界存在的反省的批判工作，於是我們可以將「合目的性」不理解為知性概念，而所謂「茲存在著一睿智的根源存有」之格準也不一定是一命題，卻是一種思維或行動的取態。就如我們將宗教徒所說的「上帝存在」，不視為命題，而視為一信仰的行為表現；一如小孩說「我痛」不是真的要表達關於他有一種痛感的命題，而是作為像哭訴之類的行為表現。我們之如此思維或如此行動，就好像有一睿智體設計這個自然世界，而一切冥冥之中自有安排一般。

如果是如此理解的話，當我們再來檢視老康德以下這番話時，當有更為恰當的了解。他是這樣說的：「如果我們應當去依據我們自己之本性所允許我們去看到者來形成我們的判斷，即是說，應當去服從『我們的理性之條件與限制』來形成我們的判斷，則我們完全能夠去把這樣的自然目的之可能性只歸給一睿智的存有，即除歸給一睿智的存有外，我們不能把它歸給任何其他根源。只此便已符合我們的反省判斷力之格準，因而也就是說，便已符合於這樣一個主觀的根據，即此根據，縱使它是主觀的，然而它卻很難根絕地牢固於人之族類中[22]。」當然，值得注意的是，老康德說的是睿智的存有「符合我們的反省判斷力之格準」，就算是我們真的判斷「上帝存在」，也不一定就在心中或述說中形成命題。這就有如當康德以理性考慮婚事，足足考慮了三個月，而該名女性判斷康德是嫁不過的，也不一定形成命題，而是訴諸行動。

就上述的理由，我們可以判斷老康德並沒有殺害上帝，「上帝存在」仍然作為理智心靈的反省判斷力之格準，而被視為於思維及行動中有效的。因此之故，我懇請法官閣下判我的當事人康德誤殺罪名不成立，並且當庭釋放！

22 同上，頁77。

後記

如果你讀康德《判斷力之批判》大談審美判斷與目的論判斷，你可能會懷疑康德是否也曾有過童真？是否也曾到過公園與其他孩童玩耍？是否也曾注意到漂亮的小女孩，而由衷讚美？乃至瞥見路邊的小白花，因而對於大自然中的生命產生感激之情？康德是一隻蜘蛛哲學家，他吐出概念之網，把自己重重圍困。他把一些平常人很親切的體會，化作知識論趣味很強的哲學系統。概念是灰色的，而生活是彩色的。他偏要把「妙慧」與「神知」規定為判斷！當詩人說：「我達達的馬蹄是美麗的錯誤／我不是歸人，是個過客……」那會構成審美判斷嗎？而當巴赫寫下 *Erbarme dich, mein Gott*，又會是目的論判斷的集合嗎？康德只知語言，而不知意在言外；他只知判斷，而不知感嘆、歌頌、試探、哀悼、懺悔、自責、祈求等語言遊戲。

聽聞康德給退婚了，因此他孤獨終老，只因他大過老謀深算，計算愛情關係中的利害，用上了三個多月。對方知道後，便表示對康德這種小老頭不感興趣。其實，在愛情之中，既有對於美的體會，又涉及有關宇宙終極目的的神秘經驗！在這一方面，康德交了白卷，但他卻寫了《判斷力之批判》，批判審美經驗與人對於自然目的與終極目的的關懷。那就好像盲人寫書談論顏色，聾人評論音樂，以及閹人偷聽別人談論性愛高潮——據說當男女達到頂峯的時候，自我界限會自然銷解，宇宙便會向他們張開懷抱，透露它的神秘！蜘蛛哲學家也會遇上牠的黑寡婦，並最終把牠的自我吞下嗎？還是牠只能日夜操勞，退而結網嗎？

我用了半個月的時間，匆匆讀了康德《判斷力之批判》，又邊讀邊寫下一些遊戲文章，給老康德開一個小小的玩笑。如今將這些文章結集成書。此書不像學術書籍那樣行文拘謹，但卻不減淩厲鋒銳的批判力，以及靈活巧妙的創意。此書宜在巴士上讀，宜在咖啡館裡讀，宜在廁上讀，總之不拘一格。如果此書能夠引起讀者的深思，並令之忍俊不禁地歡笑，那麼本書就完成它的使命，並且這就是對於本書作者最大的安慰了！最後，附上拙詩一首，表達愛情中的審美與神秘體驗：

佛陀。

我在喜馬拉雅山下，
以斷食來報答你的脈脈。

菩提樹下我目睹明星，
終於證悟緣份這回事。

恆河沙劫如夢一般過去了，
竟參不透愛情就如尼陀羅本自具足。

我原愛寂寞地旅行，
好讓我的冥想能逃避你一陣子。

只要雪一吹過，
耶輸陀羅，我的思憶又回到你那柔和的目光。

我是這樣讀康德的

作者：何震鋒
編輯：青森文化編輯組
封面設計：梁穎然
設計：4res

出版：紅出版（青森文化）
地址：香港灣仔道 133 號卓凌中心 11 樓
出版計劃查詢電話：(852) 2540 7517
電郵：editor@red-publish.com
網址：http://www.red-publish.com

香港總經銷：聯合新零售（香港）有限公司
台灣總經銷：貿騰發賣股份有限公司
地址：新北市中和區立德街 136 號 6 樓
電話：(886) 2-8227-5988
網址：http://www.namode.com

出版日期：2023 年 1 月
ISBN：978-988-8822-35-5
上架建議：哲學／西方哲學
定價：港幣 130 元正／新台幣 520 圓正